2016년 6월 10일 개정판 1쇄 펴냄
2019년 10월 5일 개정판 3쇄 펴냄

만화 · 김혜련
도움글 · 김현숙
표지 그림 · 김경아
채색 · 서수현

펴낸이 · 이성호
펴낸곳 · (주)글송이

편집/디자인 · 임주용, 최영미, 이여주, 오영인, 이강숙
마케팅 · 이성갑, 윤정명, 이현정, 김병선, 문현곤, 조해준, 이동준
경영지원 · 최진수, 박민숙, 이인석, 진승현

출판 등록 · 2012년 8월 8일 제2012-000169호
주소 · 서울시 서초구 능안말1길 1 (내곡동)
전화 · 578-1560~1 **팩스** · 578-1562
홈페이지 · www.gsibook.com

ⓒ글송이, 2016

ISBN 979-11-7018-282-5 74800
  979-11-86472-41-5 (세트)

꿈을 향해 용기 있게 도전해요!

꿈이란 인생에 활기를 불어넣는 소중한 거예요. 꿈을 이루기 위해 노력하는 과정에서 많은 것을 배우며 성장할 수 있고, 꿈을 이룬 후에는 성취감과 행복감을 느낄 수 있어요. 그래서 모든 사람이 자신의 꿈을 이루기 위해 많은 시간을 투자하고, 끈기 있게 도전하지요.

하지만 여러분은 성적, 외모, 친구, 이성 문제 등 신경 쓰이는 고민거리로 꿈을 위해 노력해야 할 시간을 빼앗기고 있을 거예요. 이런 고민거리는 꼬리에 꼬리를 물고 생겨나 우리를 속상하게 만들지요.
혹시 오늘도 그 고민거리 때문에 끙끙 앓지는 않았나요?

나보다 공부 잘하고, 예쁘고, 잘생기고, 풍족하게 생활하는 친구들을 보면, '쟤는 분명 고민이 없을 거야. 얼마나 좋을까?' 하고 생각하며 부러워한 적은 없나요? 하지만 고민이 없어 보이는 친구들에게도 나름의 고민이 있답니다.

고민을 해결하면 성공에 다가갈 수 있어요!

유명한 성공학 박사 데일 카네기는 사람들에게 지혜롭고 행복한 삶의 방법을 제시해요. 그는 대화법과 인간 관계에 관한 강의를 하면서 대부분의 사람이 가지고 있는 가장 큰 문제가 바로 '고민'이라는 것을 알게 되었어요.

카네기는 고민 해결의 방법을 제시하기 위해 다양한 자료를 토대로 연구를 했어요. 5년간의 연구 끝에, 고민을 해결하고 성공에 다가가는 방법을 모아 《성공론》이라는 책을 펴냈지요. 그리고 많은 사람으로부터 그 책 덕분에 고민을 해결했다는 감사의 편지를 받았답니다.

이 책은 《성공론》의 내용을 어린이들이 쉽게 이해할 수 있도록 재미있는 만화와 글로 구성했습니다. 이 책을 읽는 어린이들이 지혜롭고 슬기로운 방법으로 고민을 해결하길 바랍니다. 또 마음속으로 꿈꾸던 꿈을 용기 있게 도전하여 이루어내는 어린이가 되기를 바랍니다.

지은이 김혜련, 김현숙

프롤로그 – 지각대장, 노민수 · 14

카네기의 용기 있는 결심 · 24

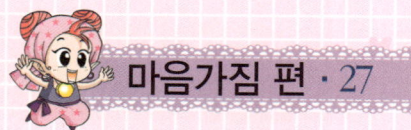

01 · 잘못을 용기 있게 인정한다 · 28

02 · 스스로 판단하고 결정한다 · 38

03 · 고민을 차근차근 해결한다 · 48

고민을 바라보는 당당한 자세 · 58

04 · 쓸데없는 걱정을 하지 않는다 · 60

05 · 사소한 일에 신경 쓰지 않는다 · 72

06 · 새로운 목표를 세운다 · 82

고민을 성공적으로 해결하는 방법 · 92

실천 편 · 95

01 · 희망차게 하루를 시작한다 · 96

02 · 정리정돈으로 성공의 기초를 다진다 · 106

03 · 하루의 끝에 내일을 계획한다 · 114

04 · 중요한 일부터 해결한다 · 124

성공하는 아이들의 생활 습관 · 134

05 · 능력을 100% 발휘한다 · 136

06 · 나의 몸을 소중히 여긴다 · 146

07 · 알찬 계획표를 짠다 · 156

08 · 한 가지 일에 집중한다 · 166

집중을 잘 하는 방법 · 174

09 · 나만의 성공 비결을 만든다 · 176

10 · 결심한 것은 바로 실천한다 · 186

성공을 위한 가장 중요한 밑거름 · 196

에필로그 – 성공을 꿈꾸는 아이, 노민수 · 198

등장인물

지각대장 노민수

내 앞에서 잠자는 걸 논하지 말라!
항상 늦잠을 자기 때문에 허겁지겁 학교에 가고 거의 지각을 한다. 게다가 덜렁거리는 성격 때문에 준비물을 빼놓고 학교에 가기 일쑤고, 심지어는 가방도 집에 놓고 간다. 하루하루를 계획성 없이 따분하게 보내다가 카네기 아저씨의 도움으로 생활의 큰 변화를 겪게 된다. 민수가 부지런하고 계획성 있는 아이로 변할 수 있을까?

성공학 박사 카네기 아저씨

성공을 꿈꾸는 어린이는 모두 나에게 오라!
요정 밍밍의 전화를 받고 민수가 사는 세상으로 내려온 유령 아저씨. 지각대장에 사고뭉치인 민수에게 꿈을 이룰 수 있는 성공 습관을 알려 주기 위해 몸을 아끼지 않는다. 민수에게 들키지 않도록 선생님, 엄마, 아빠, 천사 등 다양한 모습으로 변신한 뒤 뛰어난 연기와 상황 연출로 민수가 성공 습관을 익히도록 도와준다.

새침데기 정리왕 전세나
나보다 계획적인 사람 있으면 나와 보라고!
민수의 제일 친한 친구.
공부를 매우 잘해서 민수의 공부를 도와주기도 한다. 계획적인 생활 습관 때문에 항상 주변을 잘 정리하고, 숙제도 빼놓지 않으며, 지각도 하지 않는다. 때로는 얌체 행동을 해 민수의 구박을 받기도 한다.
민수와 함께 카네기 아저씨의 도움을 받아 자신의 고민도 해결하고, 더 발전된 모습으로 바뀌어 간다.

성공 요정 밍밍
늦잠자는 아이는 절대로 못 참아!
늦잠을 자는 아이를 깨워 학교에 지각하지 않게 도와주는 요정이다. 어느 날 늦잠을 자고 있는 민수를 깨우다 실패한 후 반드시 민수의 버릇을 고쳐 주겠다고 마음먹는다. 그래서 카네기 아저씨에게 도움을 요청한다. 카네기 아저씨를 도와 때로는 악마로 변신해서 민수의 습관을 바꾸는 데 큰 도움을 준다.

● **프롤로그** - **지각대장**, 노민수

 ## 카네기의 용기 있는 결심

−트럭 세일즈맨, 성공을 가르치는 선생님이 되다

트럭 세일즈맨의 결심

나는 트럭을 파는 자동차 세일즈맨.
오늘도 트럭을 팔러 나가려고 양복을 입는다.
와이셔츠를 입고 벽에 걸어 둔 넥타이를 잡았다.
손가락 아래로 무언가 꾸물거렸다. 방바닥에는
정신 없이 기어 다니는 바퀴벌레로 바글바글했다.
나는 침대에 주저앉고 말았다.
1888년, 가난한 집에서 태어났지만 노력을 해서 선생님이 될 수 있는 사범대학을
졸업했다. 선생님도 해 보았지만 무엇보다 배우가 되고 싶었다. 그래서 배우로
성공하겠다는 부푼 꿈을 안고 뉴욕으로 온 것이다. 그런데 배우는커녕 당장 먹고살기
힘들어 세일즈맨이 된 것이다. 좋아하지도 않는 직업에, 바퀴벌레와 같이 자고,
맛도 없고 지저분한 식사를 하며, 날마다 진절머리를 치며 살고 있다.
'겨우 이것이란 말인가? 이런 생활을 끝내야 해. 지금이 그때야.' 내 나이 25살,
나는 한 가지 결심을 했다.

대화법과 인간 관계 비결을 가르치는 선생님

결심대로 자동차 세일즈맨을 그만두었다. 그리고 어른을 가르치는 일을 시작하려고
강사 자리를 알아보았다. 내가 가르치려는 건, 많은 사람 앞에서 자신 있게 생각을
발표할 수 있는 능력이었다. 그 능력은 무슨 직업을 갖든, 그 일을 잘할 수 있게
해 준다고 생각했다. 한편으론 어딘지 모르게 자신 없어 하는 내 버릇을 고치고도
싶었다. 그러나 어느 곳에서도 나를 강사로 써 주지 않았다. 눈앞이 깜깜했다.
그러나 얼마 후 원하는 곳은 아니었지만 강사 자리를 찾아냈다. 내 수업을 듣는
사람들은 자신감이 없어서, 너무 절망스러워서, 이런저런 일들로 죽고 싶을 만큼
괴로운 사람들이었다.

이 사람들이 자신감을 가지고, 절망감을 극복하고, 침착하게 자기 앞에 닥친 일을 처리할 수 있도록 해야 했다.
우선 이 사람들이 매일 수업에 나올 수 있도록 나는 아주 흥미 있는 강의를 해야 했다. 난 이 일이 좋았다. 그래서 굉장히 열심히 수업 준비를 했다. 내 수업을 들은 사람들은 빠르게 자신감을 찾았다.

가르치는 값으로 처음엔 5달러밖에 못 받았지만 곧 30달러를 받게 되었다. 가난한 트럭 세일즈맨이었던 나는 대화법과 인간 관계에 관해 강의하는 선생님으로 성공한 것이다. 1912년은 내 삶을 바꾼 가장 중요한 해로 결코 잊지 못할 것이다.

고민을 해결하고 행복하게

사람들을 가르치면서 깨달은 것이 있었다.
사람들은 누구나 '고민'을 갖고 있는데,
이 고민 해결법을 잘 모른다는 것이다.
그 이후로 나는 사람들이 고민을 해결하고 어떻게
성공적으로 살 수 있을지 연구했다.
그리고 책을 썼다. 《카네기 인간관계론》,
《카네기 성공론》, 《카네기 연설법》 등
내가 쓴 책들은 잇달아 유명해졌다.

고민을 해결하면 행복해질 수 있답니다.

'데일 카네기 연구소' 내 이름을 딴 연구소를 지었다. 사람들이 행복하게 사는 법을 연구하는 곳이다. 어린이와 어른, 부자와 거지, 흑인과 백인, 모든 사람은 저마다의 고민이 있다. 사람들이 고민을 풀고 행복하게 살 수 있도록 돕는 것은 나의 즐거움이다.
나는 1955년 68세의 나이로 이 세상에서의 삶을 마쳤다. 그러나 나의 가르침은 아직도 계속되고 있다. 전 세계 80여 개의 나라에서 해마다 30만 명이 넘는 사람들이 내가 남긴 '행복하게 성공적으로 사는 법'을 배우고 있기 때문이다.

① 마음가짐편

01 잘못을 용기 있게 **인정**한다

넌 자존심도 없어? 빨리 가서 정아랑 싸우라고.
맞아!
빠샤
넌 좀 빠져 있어.
넌 화단의 잡초를 뽑았을 뿐인데 왜 정아가 널 바보라고 했을까? 네 행동에 문제가 있었던 것은 아닐까? 잘 생각해 봐.
하긴, 정아네가 꽃집을 하니까 꽃에 대해 잘 알고 있을 거야.
흐음
그래! 정아 말도 들어 봐야겠어.

'내가 잘못했다고?
흥, 네가 말한 대로는 절대 안 고쳐, 아니 못 고쳐!'

잘못을 지적받으면, 울근불근 기분이 엉망진창이지요. 하지만 기분이 나쁘다고 해서 자신에 대한 비판을 무시해 버리면, 나의 잘못을 고칠 기회를 잃어버리고 마는 거예요.

내 친구 중에 이런 사람이 있었어요. 누가 그 친구의 잘못을 지적했거든요. 그랬더니 그 친구는, "어? 그렇구나. 내 실수야. 앞으론 그러지 말아야지. 지적해 줘서 고마워." 하는 거예요. 그 친구가 정말 남달라 보이더라고요.

나도 멋져 보이고 싶었어요. 그래서 나도 그 친구처럼 내 잘못을 지적받으면 솔직하게 인정하자고 마음먹었지요. 그렇게 하고 나니까 어땠는지 아세요? 내가 근사한 사람이 된 것 같아서 기분이 오래도록 좋았어요. 비판받을 때 나쁜 기분은 잠깐이더라고요.

기분 나쁘다고 눈앞의 싸움에서 큰소리만 땅땅 치는 건 누구나 할 수 있어요. 목소리를 높이면 내가 이긴 것 같겠죠. 그러나 뒤돌아서면 알아요. 잘못을 인정할 줄 아는 용기가 없다는 걸요. 그래서 아직도 솔직하고 당당하지 못한 내 자신에게 슬며시 화가 날걸요?

02 스스로 판단하고 결정한다

"아유, 만날 고민만 하는 민수, 바보 같아."

갑갑한 마음에 민수 흉을 보다가, '으헉, 내가 내 흉을!' 하며
얼굴이 빨개지지는 않았나요?

사실 나도 민수 같은 때가 있었답니다. 그때 나는 내가 일을 제대로 하려고
진지하게 고민한다고 생각했지요. 아무 생각 없이 쉽게 결정하는 사람들보다는
내가 낫다고 우쭐대기도 했고요. 하지만 그게 잘 하는 건 결코 아니었지요.
왜냐하면 남의 충고나 조언에 너무 많이 의지하고 있었던 것이니까요.

항상 고민으로 머리가 꽉 차서 머리에서 웅 하는 소리가 나는 것 같았어요.
내 머릿속은 항상 복잡할 뿐, 가뿐한 적이 없었어요.
'좋아. 나도 사소한 고민은 내 의지대로 해결하겠어!'
마음을 다져 먹으니까 하늘을 날아갈 것처럼 머리가 가뿐하더군요.
그뿐만이 아니었어요. 그제야 내가 내 일의 주인이라는 느낌이 들었어요.

고민이 많으면 충치가 늘어난대요. 고민이 많으면 우리 몸속에 있는 칼슘의 균형이
깨지기 때문이래요. 고민만 하는 나쁜 습관을 빨리 버리세요.
그래야 치과 갈 일이 좀 줄어들겠죠?

 ## 고민을 차근차근 해결한다

'빨리 결정해야지……' 하면서 결정을 미루기만 했던 민수. 갈등은 늘어만 가고, 머리는 복잡해지네요. 드디어 고민 보따리를 들고 씨름하는데…….

민수 파이팅!

민수가 하는 걸 보니까, 고민을 어떻게 처리해야 하는지 알겠죠?
민수는 먼저 고민을 하나씩 적었어요. 고민을 적다 보면 한껏 뒤엉켜서 복잡했던 문제들이 조금씩 분명해져요.

'철민이네와 강훈이네 동호회 중 어느 게 좋을까?'
이렇게 적고 나니 각 동호회의 장단점에 대해서 따져 볼 수 있게 되네요. 그래야 나한테 맞는 동호회가 어느 것인지 분명해지죠. 드디어 어딜 가입할지 결정이 났어요. 문제 하나 해결!

앗, 하나를 결정하고 보니 또 새로운 문제점이 나타났어요. 그래도 매일 고민거리를 안고 사는 것보다는 이게 낫지요. 해결은 안 되고 새로운 고민은 자꾸 늘어나서 고민에 휩싸이는 괴로운 나날들. 그걸 어떻게 다 감당해요? 조금씩 해결해야죠.
다시 한번 힘내라, 민수야!

어쨌든 민수가 제법이네요.
문제를 적고 그걸 분석하고…….
여러분도 민수의 고민 해결법을
따라 해 보세요. 자, 여러분이
가장 먼저 해결해야 할 문제는
뭔가요?

 고민을 바라보는 당당한 자세

'누군가 나를 비판했어요. 당장의 기분은 나쁘지만 이번엔 그 비판을 받아들여서 나의 잘못을 고쳐 보기로 했어요.'
'사실 나는 무슨 일이든 진지하게 고민하지요. 그러니 이번 일도 진지하게 고민해 봐야지요. 그렇다고 남의 충고만 좇지는 않을 거예요. 그건 자기 문제를 스스로 처리하지 못하는 연약한 모습이니까요. 어쨌든 이번에는 문제 해결을 질질 끌지 않을 거예요. 결정을 딱 내릴 거라고요.'
이렇게까지 마음먹었어도, 막상 하려니까 쉽지 않죠? 어쨌든 여기까지 생각한 것이 참 대견해요. 그러니 이 카네기가 팔짱만 끼고 보고 있을 수만은 없지요.
그동안 비밀로 간직했던, '고민을 처리하는 4가지 질문'에 대해 알려 줄게요.
다음 4가지 문제에 성실하게 대답하세요. 그러면 여러분도 고민을 잘 해결하고 올바른 결정을 내릴 수 있을 테니까요.

1. 문제는 무엇인가?

민수는 바보라는 소리를 들었어요. 기분은 나쁘지만 비판을 들었으니, 무엇이 문제인지 살펴봐야 해요. 민수가 화단 정리를 잘 했더라면, 정아가 민수한테 그런 말은 하지 않았겠죠?

2. 문제의 원인은 무엇인가?

민수가 화단 정리를 못한 까닭은 무엇이죠?
그래요, 화초와 잡초를 구분하지 못했던 거예요.
화단을 예쁘게 꾸미기 위해서 잡초는 뽑아 버리고
화초만 남기면 된다는 건 알았어요. 그런데 잡초와
화초를 구별하는 지식이 없었던 거예요. 이것이 민수가
가진 문제의 원인이지요. 화초와 잡초를 구분할 줄
알았더라면, 화단을 망쳐 놓지는 않았을 테니까요.

3. 문제의 가능한 해결 방법은 무엇인가?

문제의 원인을 알면, 문제를 해결할 수 있는 방법들이 떠오르죠.
내 문제니까 내가 할 수 있는 방법들로 잘 생각해 보아야
해요. 민수도 여러 가지 해결법을 찾아냈을 거예요.
여러분도 민수가 되어 해결법들을 찾아보세요.

4. 최선의 해결법은 무엇인가?

문제를 해결하는 방법은 여러 가지가 있을 수 있어요.
그 방법들 중에서 가장 효과가 좋은 것을 찾아보세요.
그래야 문제를 빠르게 잘 해결할 수 있으니까요.
민수가 찾아낸 해결법 중에서 가장 좋은 것은 자신의
잘못을 받아들이고, 화단 식물에 대해서 공부하기일 거예요. 그런 공부라면 민수도
할 수 있고, 민수의 문제점도 말끔하게 해결할 수 있으니까요.

이렇게 해서 민수는 문제를 잘 해결할 수
있었어요. 여러분, 문제를 해결하고 싶은데
잘 안 될 때 위의 4가지 질문을 던져 보세요.
반드시 해결 방법이 나올 거예요.

04 쓸데없는 걱정을 하지 않는다

민수에게 닥친 문제가 보통이 아니군요.

세나는 민수 때문에 숙제를 못 해 가잖아요. 그러면 선생님께 혼이 나겠지요. 민수로서는 너무나 미안한 일이에요. 문제는 거기서 끝나지 않겠죠. 세나는 자기가 억울한 일을 겪게 된 게 모두 민수 때문이라고 생각하고, 화가 머리끝까지 나겠죠? 민수는 자기의 실수 때문에 친한 친구 한 명을 잃어버릴지도 몰라요.

'세나에게는 미안하지만 어쩔 수 없어.'
민수가 뻔뻔한 아이라면 이렇게 생각했겠죠. 하지만 민수는 양심적이잖아요.
그러니 세나 걱정으로 제 숙제도 못 하고…….
아무튼 민수에게 닥친 문제는 보통이 아닌데, 문제 처리를 아주 잘했어요.
세나한테 자신의 미술 도구를 빌려주러 간 덕분에 고민을 잘 해결할 수 있었으니까요.

민수는 일어날 수 있는 최악의 상황이 무엇인지 잘 알아차린 거예요.
걱정만 한다고 문제가 풀리는 건 하나도 없어요. 이럴 땐 가방을 잃어버렸기 때문에 생기는 최악의 상황이 무엇인지 빨리 생각해야 해요. 그리고 그 일부터 처리해야 하지요.

'고민한다고 문제가
해결되는 건 절대 아니다.
문제 해결을 위해 생각하고
움직여야만 한다.'
민수를 통해서 중요한
고민 해결법을 배운 거예요.

05 사소한 일에 신경 쓰지 않는다

민수야, 무슨 일이야?

어떻게 할 거야? 넌 이런 것도 제대로 못 하니?

세나야, 미안해. 손이 미끄러워서 컵을 깨뜨렸어.

지금 그게 문제가 아니라고. 생일상에 놓을 컵이 부족하단 말이야.

무슨 소리야? 찬장에 컵이 많던데?

전세나, 말이 너무 심한 거 아니야? 물어주면 되잖아.

남들에게는 사소해 보여도 나에게는 아주 중요한 물건이나 일이 있지요.
섬세한 세나에게는 유리컵 사이에 낀 플라스틱 컵이 아무래도 맘에 걸렸을 테지요.
그게 신경 쓰여서 기분이 밝게 개인 햇살 같지 못했을 거예요.

하지만 그런 일로 생일 축하 파티를 망친다면, 그것은 문제!

전쟁이 일어났는데 사소한 말다툼으로 시간을 허비할 사람은 아무도 없을 거예요.
그 순간에는 빨리 안전하게 피신하는 것이 가장 중요한 일이니까요.

컵에 신경이 쓰여서 끝까지 얼굴을 찌푸리고 있었다면, 그 생일 축하 파티는
정말 썰렁했을 거예요. 썰렁한 파티가 되면 결국은 누가 제일 속상할까요?
성공적인 생일 파티를 치르고 싶다면, 플라스틱 컵 일은 생각하지 말아야 해요.

사소한 일들은, 정말 중요한 일 앞에서는 그냥 접어두어야 해요.
그렇게 하기는 쉽지 않아요. 남들에게는 사소하지만 내게는 중요한 것이니까요.
그러나 잘 생각해 보세요. 아무리 중요해 보여도 정말 중요한 일 앞에서는
그다지 중요한 게 아닐 수도 있어요.

성공하는 사람들은 가장
중요한 일을 위해서는 사소한
일은 넘겨 버릴 수 있는
사람들이랍니다.

06 새로운 목표를 세운다

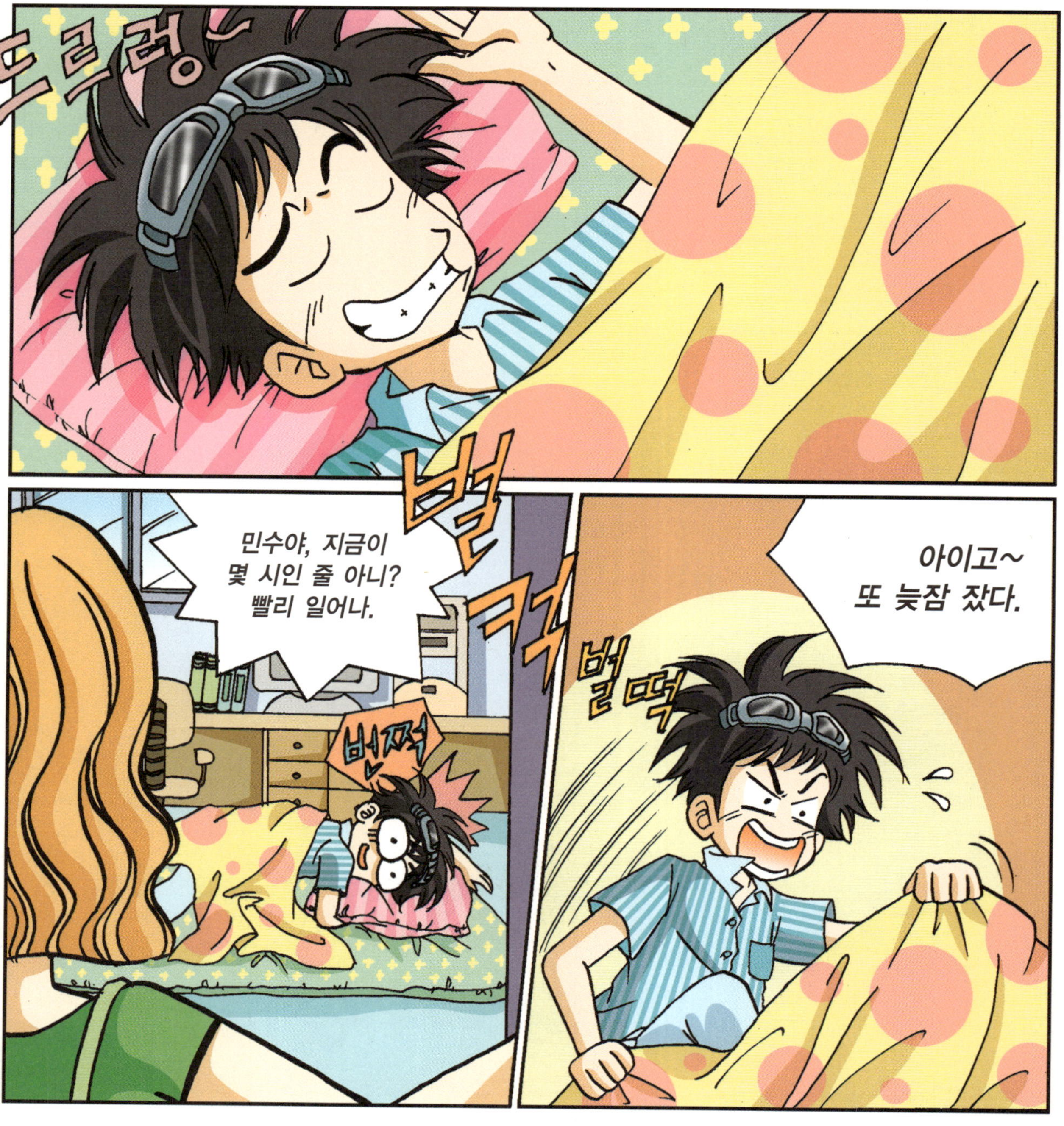

"고민 없는 사람 손 들어 보세요."

누가 손을 들까요? 돈이 많아서 마음대로 쓸 수 있는 부자? 가르치기만 하고 숙제도 없고 시험 같은 건 안 봐도 되는 선생님? 하루 종일 자기가 좋아하는 춤만 추는 백댄서? 모두 아니에요. 손을 든 사람은 아무도 없었대요. 세상에 고민 없는 사람은 없다는 거지요.

똑같은 고민에 빠진 두 사람을 보았어요. 한 사람은 잔뜩 찌푸린 얼굴로 고민을 너무 많이 해서 머리카락까지 빠진다며 발만 동동 굴렸어요. 그런데 다른 사람은 마치 그런 고민은 없다는 듯 밝은 얼굴이었어요. 그에게 그 비결을 물었지요.

"두 가지 생각을 동시에 할 수 없어요. 한 번에 한 가지만 생각할 수 있어요. 감정도 그래요. 그래서 난 고민이 생기면 즐거운 생각이나 일을 해요. 그러면 슬프고 괴로운 감정이 솟아나지 않아요."

으흠. 맞는 말이군요. 무서운 호랑이 선생님과 재미있는 비디오를 한꺼번에 생각하진 못하죠. 선생님을 먼저 생각하든, 비디오를 먼저 생각하든 둘 중 한 가지만 생각할 수 있어요. 감정도 그렇대요. 슬프면서도 기쁘다거나 즐거우면서도 괴로운 일은 없으니까요. 학교에 가는 일이 괴로운 민수. 하지만 학교에 가서 느낄 수 있는 즐거움을 만들어 괴로운 감정에서 벗어날 수 있었어요.

 ## 고민을 성공적으로 해결하는 방법

세나 가방을 잃어버리고 숙제 걱정까지 짊어지고 있는 민수.
민수는 최악의 상황이 무엇인지 생각해서 그것부터 처리했어요. 플라스틱 컵 때문에
소중한 생일 파티를 망칠 뻔한 세나. 하지만 사소한 일과 중요한 일을
잘 구별해서 즐거운 파티를 만들었어요. 학교 가는 게 너무나 싫은 민수는
학교에 가는 즐거운 이유를 만들어서 괴로움으로부터 벗어났어요.
민수와 세나가 사용한 지혜를 모으면 고민을 해결하는 방법이 만들어져요.
자, 여기에 '고민을 성공적으로 해결하는 5가지 방법'을 소개합니다.

1. '일어날 수 있는 일 중에서 **가장 나쁜 건 무엇이지?**' 하고 **스스로에게 묻는다.**

민수는 가방을 잃어버렸기 때문에 생긴 문제와
자기 숙제를 해야 한다는 두 가지 고민거리가 있었어요.
그래서 이 두 가지 중에서 어느 걸 안 하는 것이
더 나쁜 일인가를 따져 보았지요.
세나가 숙제를 못 해 가는 건 민수 때문이에요.
그래서 세나는 혼나는 게 억울할 거예요. 그게 일어날 수 있는
일 중에서 가장 나쁜 거예요. 그러니까 세나가 혼나지 않도록 해야 해요.
그래서 민수는 자기 숙제도 급했지만 세나에게 자기 미술 도구를 빌려주러 간 거예요.

2. **나쁜 일을 피할 수 없다면, 마음을 굳게 먹는다.**

세나가 숙제를 못 해 가면 세나는 선생님께 억울하게
혼나겠지요? 야단맞은 세나는 민수 때문에 혼났다는 걸
알고 민수에게 마구 화를 낼 거예요. 아니면 민수네
엄마께 모든 걸 말해 버려서 민수가 엄청 혼나게 하겠죠?

민수는 세나가 화를 내거나 엄마께 혼나더라도 받아들여야 해요.
엄마께 혼나는 건 무섭지만 꼭 참아야 해요. 또 일부러 잃어버린 게 아니라고 말해서
공연히 세나가 더 화나게 하는 일도 만들면 안 돼요.
아무튼 민수는 각오를 해야 해요.

3. 침착한 마음으로 가장 나쁜 상황을 조금이라도 좋게 만들기 위해 노력한다.

일단 각오를 하고 나면, 마음이 침착해져요. 침착한 마음으로
가장 나쁜 상황이 닥치지 않도록 생각을 해야지요.

침착하게 심호흡하고….

4. 할 일을 차분히 생각하여 수첩에 적고, 무엇부터 할 것인지 순서를 정한다.

민수가 세나의 미술 가방을 잃어버렸기 때문에
세나에게는 미술 도구가 없지요. 그러나 민수에게는
있어요. 민수가 세나에게 미술 도구를 빌려주어서
세나가 미술 숙제를 해 갈 수 있도록 해야 해요.

할 일을 적어 보자.

5. 맨 처음에 하겠다고 정한 일부터 당장 실천에 옮긴다.

생각이 이렇게 풀리면 우선 자기 숙제하던 것부터
멈추어야겠지요. 그리고 미술 도구를 잘 챙겨서
세나 집으로 가야지요.

당장 세나한테 가자.

여러분도 따라 할 수 있겠죠?
끈질기게 달라붙는 고민과 걱정을 시원하게
날려 보내세요.

② 실천편

01 희망차게 하루를 시작한다

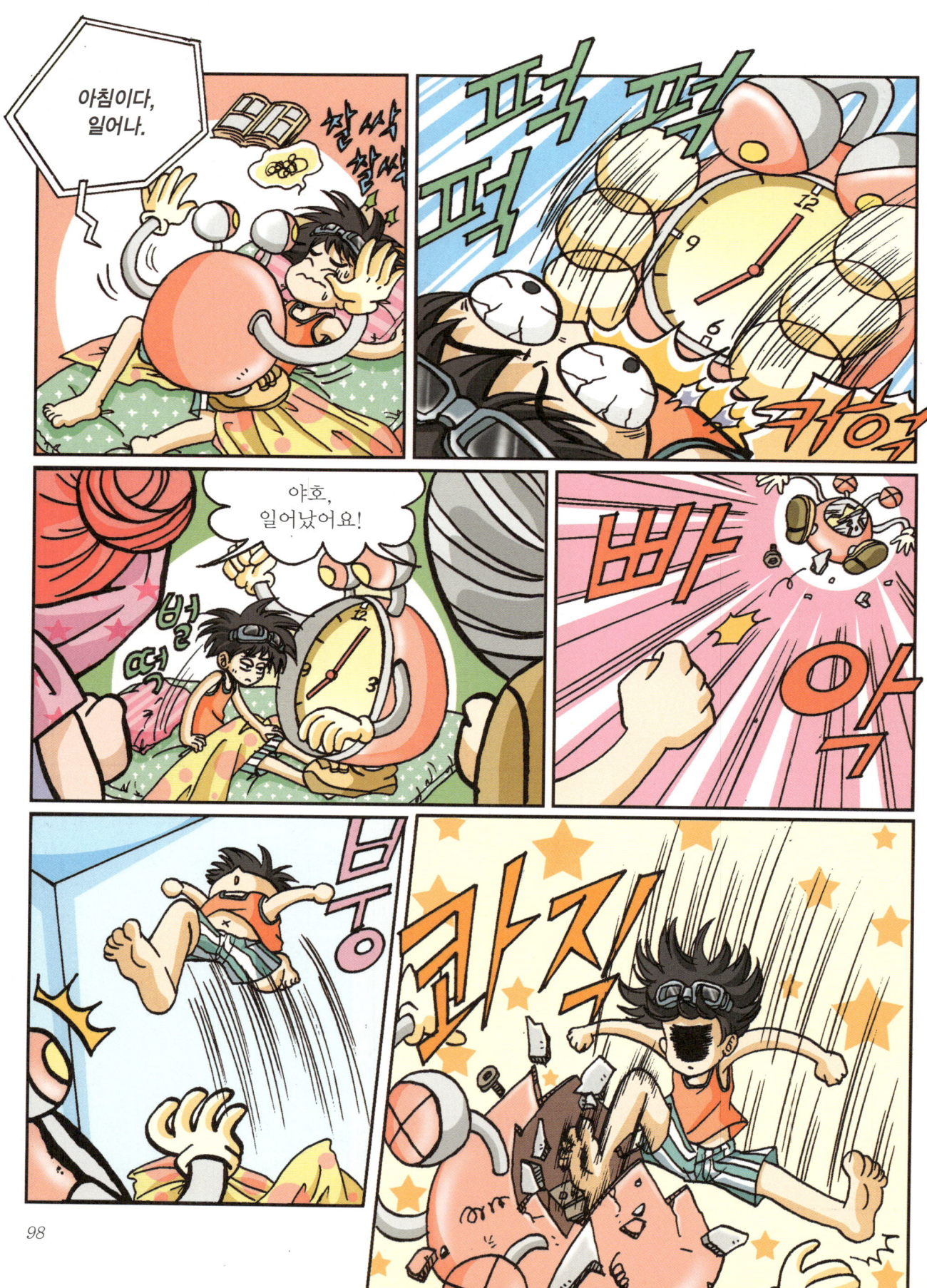

잠을 깨면 해야 할 일이 너무 많지요?

이 닦고 세수하기, 학교에 입고 갈 옷 고르기, 준비물 챙기기, 학교 가기……. 후유, 다시 잠 속으로 들어가고 싶지요. 하지만 잠보다 더 좋은 일이 있다면? 당연히 빨리 일어나고 싶겠죠? 기분 좋게 일어나려면 하고 싶은 일을 찾아 두세요. 그럼 자기 전, '내일 아침은 그 일을 할 거니까 기분 좋게 일찍 일어나야지!'라는 생각이 들겠죠? 그렇게 마음먹고 자면 정말로 아침 일찍 기분 좋게 일어나게 되지요.

모형 비행기를 조립하다 밤늦게 잠자리에 들었어요. 내일 아침 빨리 일어나 그걸 만들고 싶은 마음으로 잠들었을 거예요. 어젯밤 그렇게 늦게 잠들었는데 이상하게 아침 일찍 눈이 반짝 떠지는 거예요. 정신은 말똥말똥하고 몸은 하나도 피곤하지 않고, 이불 속에서 꼼지락거리는 법도 없이 벌떡 일어나게 되지요.

일찍 일어나 모형 비행기를 다 조립해 놓으면, 아직 아침도 먹기 전인데 벌써 한 가지 일을 해 놓아서 마음이 뿌듯할 거예요. 그 마음으로 학교에 가 보세요. 하루 종일 무슨 일이든 술술술 잘 풀리는 기분 좋은 날이 될 거예요.

기분 좋게 일어나려면, 하고 싶은 일을 찾아 두세요. 그리고 주문처럼 외워 보세요. '난 하고 싶은 일이 있다. 내일 아침이 기다려진다. 난 즐겁게 일어난다, 얍!'

02 정리정돈으로 성공의 기초를 다진다

누가 더 정돈된 생활을 하고 있나요?

민수는 항상 아무 데나 둔 물건을 찾고 허둥대느라 지각하기 일쑤예요. 하지만 평소에 주변을 깔끔하게 정리해 두는 세나는 필요한 물건을 그때그때 편리하게 찾아 쓰지요.

주변 정리가 즐거운 생활에 얼마나 큰 영향을 미치는지 말해 주는 이야기 하나를 들려줄게요. 어떤 회사의 사장님은 사무실에 커다란 책상을 두 개나 놓고 썼어요. 두 책상은 답장을 써야 할 편지, 읽고 처리해야 할 서류 등으로 난장판이었지요. 일은 많고 시간은 부족하니까 그럴 수밖에 없다고 생각한 거예요.

어느 날 사장님은 고혈압, 심장병, 위암 등 온갖 병에 걸려서 병원 신세를 지게 되었어요. 그리고 정신과 치료까지 받게 되었어요. 정신과 의사의 진료실에 들어간 사장님은 깜짝 놀랐어요. 방이 아주 깔끔하게 정리되어 있었으니까요.

진료 중에 정신과 의사에게 전화가 왔어요. 의사는 전화를 받았고 그때마다 생기는 일을 바로바로 처리했어요. 해야 할 일을 그때그때 해 버리니까 밀리는 일이 안 생기고, 밀리는 일이 없으니까 주변 정리가 잘된 거예요. 의사가 말했어요.

"사장님 병은 스트레스 때문에 생긴 겁니다. 저도 일이 많지만 늘 주변 정리를 잘 해 두어서 스트레스를 줄일 수 있어요. 그래서인지 저는 아주 건강하답니다."
그 뒤 사장님은 몰라보게 달라졌답니다.
깔끔하게 정돈된 책상 앞에서
건강한 모습으로 즐겁게 일하는
사장님을 상상하는 게 어렵지 않지요?
여러분도 지금 책상 위부터
정리해 보는 게 어때요?

03 하루의 끝에 내일을 계획한다

화장실에 가려고 일어났니?

하… 한밤중에 뭐 하시는 거예요? 깜짝 놀랐잖아요.

아침 식사 준비를 하고 있었어.

그걸 왜 한밤중에 하세요. 내일 아침에 하셔도 되잖아요. 불도 안 켜시고.

"해야 할 일이 너무너무 많아요."

요즘은 어른뿐만 아니라 어린이들도 이런 말들을 해요. 현대인은 모두 바쁘다니까요! 하지만 어차피 해야 할 일이라면, 쫓기면서 하는 것보다는 여유롭게 하는 게 좋겠지요? 많은 일을 여유롭게 할 수 있는 간단한 비법을 소개할게요.

매일 밤 다음 날 계획표 짜기!
오늘 하루는 어제 계획표에 짠 것만 하면 돼요. 그렇게 하고 나면 일을 끝냈다는 느낌이 들어요. 나도 해냈다는 뿌듯함과 시원함을 맛볼 수 있을 거예요.
계획대로 하니까 하루 동안 몇 가지 일을 해낼 수 있어요. 많은 일을 했는데도 별로 피곤하지 않아요. 오히려 계획한 일을 모두 해냈다는 만족감을 느끼지요.
그래서 가뿐한 마음으로 더 즐겁게 놀 수 있어요.

계획 없이 지낼 때를 생각해 보세요. 이것저것 하는 건 많은데 무엇 하나 제대로 끝내는 것도 없었어요. 그런데 시간만 훌쩍 지나가 버렸지요. 찜찜하고 피곤한 날들이었어요. 뿌듯하고 여유로운 생활을 위해서 하루의 마지막 시간에 내일의 계획표를 짜 보세요.

04 중요한 일부터 해결한다

한 아이가 자기 전에 동화책을 읽었어요. 하지만 다음 날 일어나 크게 후회를 했어요. 그날은 시험을 치는 날이었기 때문이에요. 이 아이는 시험 전날 시험 공부를 하기로 마음먹고 책상에 앉았다가 공부를 시작하기 전에 잠깐 동화책을 읽기로 했어요. 그날따라 동화책은 정말 재미있었지요. '조금만 더 읽고 공부해야지.' 아이는 이런 생각을 되풀이하다가 결국 동화책을 끝까지 읽고 말았던 거예요. 동화책을 읽다 시간이 흘러 밤이 되었고 저녁까지 배부르게 먹은 뒤라서 자꾸만 졸음이 쏟아졌지요. '이렇게 졸릴 때 공부하면 하나도 효과가 없어. 지금은 자고, 대신 새벽에 일찍 일어나서 맑은 정신으로 공부하자.' 쿨쿨쿨. 단꿈을 꾸며 잠을 잤어요. 일어났을 땐 다른 날과 똑같은 아침이었어요. 너무너무 후회를 했지요.

"아, 어제 가장 중요한 것부터 했어야 했는데……."

하지만 후회해도 소용없었어요. 시험까지는 시간이 얼마 남지 않았거든요.
아침밥도 굶고 부랴부랴 학교로 뛰어갔어요. 하지만 시험 시간 내내 초조해서 집중력이 떨어지고 배가 고파서, 아이는 시험을 완전히 망치고 말았답니다.

무엇이 가장 중요한 일인지 정해져 있는 건 아니에요. 그러나 우리는 생각할 능력이 있어요. 그래서 지금 나의 상황에서 무엇이 가장 중요하고, 무엇이 덜 중요한지 판단할 수 있어요. 가장 중요한 일을 결정했다면 그 일부터 해야 해요.

 ## 성공하는 아이들의 생활 습관

성공하는 사람들의 공통점은 무엇일까요? 훌륭한 습관을 가지고 있다는 거예요. 뒤집어서 말해 볼까요? '훌륭한 습관을 가지고 있으면 성공한다.' 네, 맞았어요. 기분 좋게 일찍 일어나기, 주변을 정리정돈하기, 다음 날에 할 일을 준비해 두기, 중요한 일부터 하기. 모두 훌륭한 습관이에요. 이 습관들을 몸에 익히면 여러분도 성공한 사람이 될 거예요. 그런데 이 습관들을 모두 언제 익히냐고요? 걱정하지 마세요. 이 중에서 한 가지만 잘 익히면 다른 습관은 조금만 노력해도 익힐 수 있으니까요.

제일 간단한 주변 정리하기 습관부터 몸에 익혀 보세요. 주변 정리가 습관이 되면 언제나 정리정돈이 잘 된 책상과 방에서 생활할 수 있겠지요? 그런 책상과 방에서 생활하면 기분이 좋아지고 마음에 여유가 생겨요.
마음에 여유가 생기면, 저절로 다음 날 할 일을 계획하고 싶을 거예요.
이런 일을 반복하다 보면, 다음 날을 계획하고 준비하는 습관이 저절로 익혀지지요. 여러분도 내일 무슨 일을 할까 생각해 보세요. 그러면 그동안 미뤄 두었던 일들이 떠오를 거예요. 하지만 그 모든 일을 내일 다 할 수는 없어요.
그중에서 내일 꼭 해야 하는 가장 중요한 일은 무엇인가요?
그리고 그 다음 중요한 일은 무엇인가요?
중요한 일부터 할 수 있도록 내일의 계획표를 짜 보세요. 이것이 중요한 일부터 하는 태도를 몸에 익히는 방법이랍니다.

이튿날 아침에는 기분 좋게 일찍 일어날 게 분명해요. 잠자기 전에 오늘 할 일들을 미리 결정해 두었으니, 그걸 빨리 하고 싶은 마음에 일찍 일어나게 되는 거예요.
일찍 일어나서 계획대로 중요한 일부터 하지요. 아마 등교하기 전에 한 가지쯤은 끝내거나 반은 했을 거예요. 그렇게 일을 해 두었으니 마음은 어떨까요?
무척 홀가분하고 기분이 좋고 여유가 생기겠지요? 그 홀가분한 마음은 자기 주변을 다시 한번 더 정돈하게 해요.
이렇게 기분 좋은 날이 날마다 반복되면 하루하루가 즐거워져요. 즐겁게 지내다 보면 어느덧 훌륭한 습관을 가진 사람으로 자라게 될 거예요. 훌륭한 습관을 가진 사람이 성공한다고 했으니, 여러분도 성공한 사람이 되어 있을 거라고요.

끝말을 이어가는 노래가 있지요. '원숭이 똥구멍은 빨개. → 빨간 것은 사과. → 사과는 맛있어. → 맛있는 건 바나나. → 바나나는 길어. → 긴 것은 기차……'
좋은 습관도 마찬가지예요. '주변 정리하면 마음이 여유로워. → 마음이 여유로우면 다음 날을 계획해. → 다음 날을 계획하면 일찍 일어나. → 일찍 일어나면 중요한 일들을 할 수 있어. → 중요한 일을 하면 마음과 주위가 정돈이 돼.'
좋은 습관 하나만 몸에 익혀 보세요. 그러면 나머지 좋은 습관도 저절로 익혀져요. 이것이 훌륭한 사람들이 살아왔던 방법이랍니다.

05 능력을 100% 발휘한다

자, 그럼.

신나게 달려 보자고.

"질 게 뻔한 시합을 민수는 왜 했을까요?"

민수는 부당하게 무시를 당하고 그대로 참고 넘겨서는 안 된다고 생각했어요. 시합을 하기로 한 것은, 무너진 자존심을 회복하고 싶었기 때문이에요. 그러니 민수에게 처음부터 중요한 것은 이기고 지는 게 아니었어요.

진다고 해도 상관없으니까 대충 시합을 하려고 한 것도 아니에요. 질 게 뻔하다고 시합을 대충 하는 건, 발끈하는 마음에 오기를 부리는 것밖에 되지 않으니까요. 자존심을 걸고 시합에 참여한 민수는 이기거나 지는 것에 상관없이 최선을 다해서 경기를 해야 했어요.

최선을 다하는 것은 쉬운 일이 아니었어요. 시합이 너무 힘들어서 다른 친구들은 도중에 포기를 했지요. 하지만 민수는 끝까지 달렸어요. 결국 민수가 지고 말았지만, 민수를 어리다고 무시하던 형이 민수에게 정중하게 사과를 했어요.

민수는 단순히 어리다는 이유로 무시를 당하는 억울한 일을 겪었어요. 이 일을 해결하려고 최선을 다한 거예요. 최선을 다했기 때문에 사과를 받아 냈고 그 형으로부터 당당하게 인정받았어요. 최선을 다한다는 것, 그것은 이렇게 큰 힘이랍니다.

06 나의 몸을 소중히 여긴다

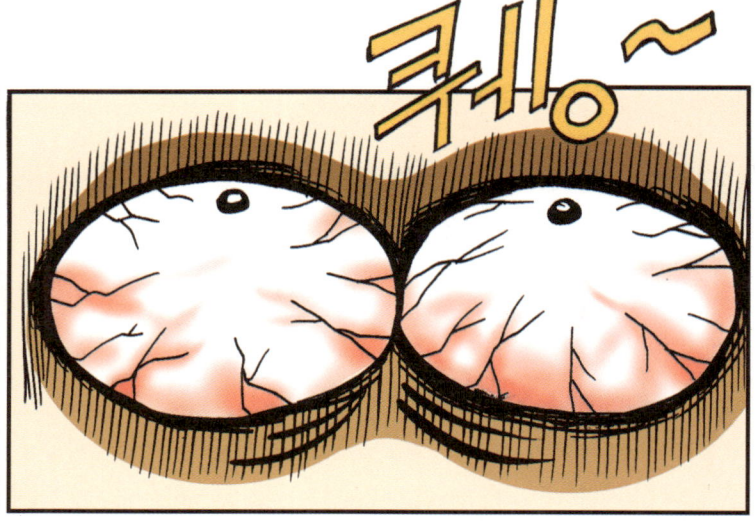

다음부턴 눈이 그렇게 충혈될 때까지 무리하지 말아라.

콧구멍에 새 솜 넣어 줄까?

하지만 만화책이 너무 재미있어서요….

아… 아뇨. 괜찮아요!

눈에 무리를 주면 몸이 쉽게 피로를 느끼게 된단다. 그러면 학습 능률도 떨어지고 작은 일에도 쉽게 지치게 된다고.

"우리 몸의 신경 에너지 4개 중 1개는 눈이 쓰고 있다."

한 신경계 의사가 한 말이에요. 눈이 우리 신경을 얼마나 피곤하게 하는지 알겠지요? 하루 동안 우리가 하는 일은 무척 많아요. 우리가 그 모든 일을 할 때, 우리 몸의 각 부분도 각자 맡은 일을 해요. 그중 잠시도 쉬지 않고 가장 부지런히 일하는 건 바로 눈이에요. 그러니 신경 에너지를 그렇게 많이 쓰는 거예요.

눈을 잘 쉬게 해 주면, 몸의 피곤함을 풀 수 있어요. 눈이 피곤하면 몸도 쉽게 피곤해지지요. 그러니 가끔씩 눈의 피로를 풀어 주어야 해요. 자, 이렇게 해 봐요. '쉬자. 편히 쉬어. 긴장을 풀고.' 마음속으로 이 말을 되풀이하면서 편안히 쉬어요. 마룻바닥에 누워도 좋고요, 의자에 앉은 채로도 좋아요. 자기가 지금 있는 곳에서 편하게 쉬어 보는 거예요.

일부러 '쉬어야지……' 하며 억지로 노력할 필요는 없어요. 그러면 오히려 더 긴장이 될 수 있으니까요. 아무 할 일 없이 풀밭에 누웠다고 생각해 보세요. 정말 몸을 쉬는 기분으로 말이에요. 눈가의 근육이 긴장을 풀고 있다는 걸 느낄 수 있을 거예요.

07 알찬 계획표를 짠다

주간 계획표

월	오락
화	잠자기
수	오락
목	놀기
금	오락
토	놀러가기
일	잠자기

띠링~

잠자기 / TV 보기 / 만화책 읽기 / 오락 / 오락·간식먹기 / 축구하기·인라인 타기 / 자기·놀기 / 세면·밥먹기

노… 노민수. 이 녀석….

내가 때려서라도 민수의 생활 습관을 바꿔 놓겠어.

음냐~.

아저씨, 참으세요.

"없던 꿈과 희망이 하루아침에 갑자기 생기지는 않아요."

그러나 하루하루를 열심히 살아가는 어린이라면 다르죠. 이 친구들은 열심히 생활하면서 생각을 열어 두고 있었기 때문에, 자기의 꿈을 빨리 발견할 수 있어요. 그러면 남보다 빨리 꿈을 이루기 위한 준비를 시작할 수 있지요.

여러분 주위를 둘러보세요. 누구나 학교를 다니고, 대부분이 학원을 다녀요. 그런데 생활하는 태도는 저마다 달라요. 어쩔 수 없이 학교에 가고, 학원에 가는 아이들이 있어요. 어떤 아이는 하기 싫어서 억지로 끌려다니듯 하지요. 하지만 계획표를 세워서 야무지게 하루하루를 살아가는 아이도 있어요.

누구나 어른이 되지요. 그러나 똑같은 어른이 되는 건 아니랍니다. 초등학생 시절을 어떤 태도로 보냈느냐에 따라서 남보다 앞서는 어른이 되기도 하고, 그 반대가 되기도 한답니다. 지금이라도 세나처럼 계획표를 짜서 하루하루를 알차게 보내 보세요. 그러면 멋지고 훌륭한 어른으로 성장해 나갈 수 있어요.

어때요? 제 계획표 멋지죠?

여러분도 계획표를 만드세요.

08 한 가지 일에 집중한다

큰일이다. 숙제를 미뤄 놨더니, 내일까지 해야 할 숙제가 너무 많이 쌓였잖아.

수학 숙제, 미술 숙제, 독후감까지….

미술 숙제부터 하자. 아까 못 그린 부분만 마저 그리면 되니까.

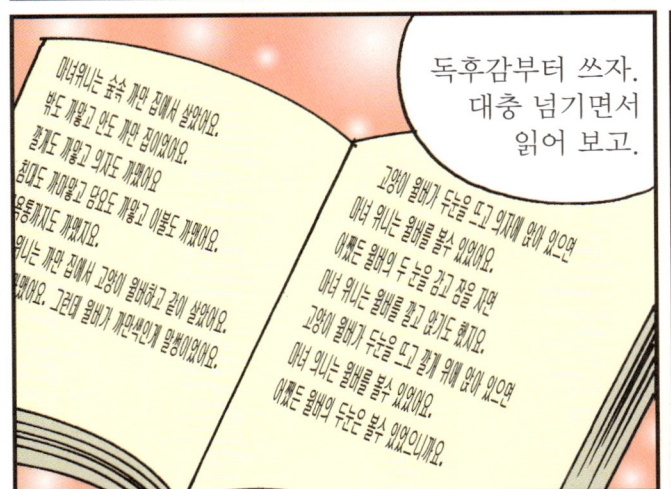

민수야, 시간이 없다고 그렇게 허둥대기만 하면 숙제도 못 하고 시간만 간다고.

잠깐.

펑

픽

어떤 숙제를 먼저 해야 할지 생각해 보고 한 가지씩 해 나가는 거야.

무슨 소리야? 그렇게 해서 언제 다 할래?

오잉?

펑

지금은 시간이 없으니까, 참고서를 베껴서 해. 그래야 내일까지 숙제를 다 할 수 있어.

169

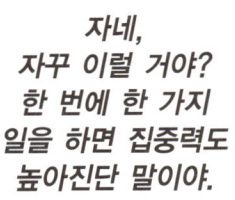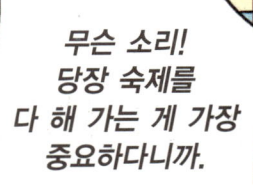

한 가지씩 하다 보면 집중력도 높아지고 완성도도 높아지지. 그럼 자연히 여러 가지 일을 한꺼번에 처리하는 것보다 시간을 절약할 수 있다고.

아햐

그럼 민수야, 숙제 열심히 해.

뽀로롱

밍밍, 자네 아까 왜 그랬나? 일을 망치려고 작정했나?

예?

악마 연기는 대본에 없잖아.

전 지금까지 계속 자고 있었어요.

하암

그럼 아까 그 악마는 누구야?

설마?

그래, 그래. 졸리면 자야지.

진짜 악마잖아?

쿨

"한꺼번에 여러 일을 하려면 어떤 일이 생길까요?"

그림을 그리면서 책을 읽고, 인터넷 검색을 하면서 수학 문제를 풀 수는 없어요. 그림을 그리는 동안에는 책을 읽지 못하고, 인터넷 검색을 하는 동안에는 수학 문제를 풀 수 없어요. 이 모든 일을 한꺼번에 한다는 건 그림을 조금 그리다가 책을 몇 장 읽고, 인터넷 검색을 조금 하다가 풀다 만 수학 문제를 다시 푼다는 말이지요.

"아까 어디까지 읽었더라? 아, 여기지. 무슨 내용이었더라?"
"이 문제 풀 차례지? 아이고, 처음부터 다시 풀어야겠네."
"아까 인터넷 검색해 둔 거 어디다 저장해 두었더라?"
이러면서 자꾸만 시간을 낭비하게 되는 거예요. 그러면 당연히 일을 빨리 끝내지 못하지요. 시간은 많이 흘렀는데 어느 것도 끝낸 게 없겠죠?

해야 할 일이 밀려 있을 때는 먼저 차분하게 생각해 보세요. 무엇을 가장 먼저 하고, 무엇을 나중에 할 건지 순서를 정하는 거예요. 순서를 정했으면, 그 결정에 따라서 한 가지씩 차근차근 하세요. 하나씩 끝내면 그만큼 마음이 가벼워지기 때문에 다음 할 일에 또 집중할 수 있어요. 이렇게 하는 게 주어진 시간 동안 가장 많은 일을 할 수 있는 방법이랍니다.

 집중을 잘 하는 방법

실력이 비슷한 팀과 농구 시합을 벌였어요. 어떻게 하면 이길 수 있을까요?
시험이 코앞에 닥쳤어요. 어떻게 하면 좋은 성적을 거둘 수 있을까요?
상황은 다르지만 해결 방법은 한 가지예요. 하는 일에 집중하는 것이지요.
그런데 집중하는 게 마음처럼 쉽지 않지요? 이번에는 집중을 잘 하는 방법에 대해서 알려 줄게요.

1. 계획을 짜라.

하루 종일 덤벙거리는 민수와 야무지게 생활하는 세나, 여러분은 누구의 생활 태도를 원하나요? 많은 어린이가 세나를 선택했군요.
세나는 일을 할 때 집중해서 했기 때문에 실수 없이 깔끔하게 처리한 거예요. 그런데 세나가 계획표를 짜서 그대로 실천하고 있었다는 거 기억나지요? 맞아요. 세나가 모든 일에 집중해서 야무지게 끝낼 수 있었던 것은 계획표를 짜서 실천했기 때문이에요. 농구면 농구, 공부면 공부 어떤 일을 집중해서 하고 싶다면, 먼저 계획표를 짜세요.

2. 한 번에 한 가지씩 해라.

여러 가지 숙제를 늘어놓고 어느 것 하나에도 집중하지 못하는 민수. 엄청 바쁘게 시간을 보냈어요. 그러나 시간이 지나도 무엇 하나 말끔하게 끝내지 못했지요.
몇 가지 일을 늘어놓고 갈팡질팡하면, 전혀 집중을 할 수 없어요. 집중을 잘 하는 비결은 한 번에 한 가지씩 하는 거예요.

민수가 한 번에 한 가지 일을 하면 그 일에만 자기 힘을 쏟을 수 있어요. 그러면 그 숙제를 빨리 끝낼 수 있죠.

3. 최선을 다하라.

농구 시합을 할 때, 관중석만 바라보며 코트에서 어슬렁어슬렁 걸어 다니면 그 결과는 어떨까요? 시합을 할 때는 오직 경기에만 신경을 쏟아야 해요. 지금 경기가 어떻게 흘러가고 있고, 우리가 몇 대 몇으로 지고 있고, 누구한테 패스를 해야 하고, 누구를 막아야 하고……. 이기려면 오직 농구만 생각해야 하지요. 그렇지 않으면 공을 늘 상대편 선수들에게 뺏기고 제대로 슛도 한 번 못한 채 지고 말죠. 무슨 일을 하든 그 순간에 최선을 다하는 것, 그것이 집중을 잘 하는 가장 큰 비결이에요.

4. 적당히 쉬어라.

내일은 시험날이에요. 그래서 계획을 세워 한 번에 한 과목에만 최선을 다해 공부하고 있어요. 그랬더니 놀라운 집중력을 가지고 할 수 있었어요. 그러나 이 집중력도 시간이 가면 점점 약해지고 말아요.

농구든, 음악 연주회든, 학교 공부든, 모든 일에는 쉬는 시간이 있어요. 같은 일을 계속 하다 보면 피곤이 쌓여 더 집중할 수 없기 때문이에요. 집중하지 못하면 경기에서 이길 수 없고, 좋은 연주를 들려줄 수 없지요. 집중력을 계속 유지하고 싶다면, 중간중간 쉬어 주세요. 눈을 쉬게 하면 피곤이 많이 풀린다는 것, 이미 알고 있지요? 눈을 쉬면서 될 수 있으면 몸도 함께 쉬어 주세요. 그러면 다음 일을 할 때, 엄청난 집중력이 또 생긴답니다.

09 나만의 성공 비결을 만든다

다음 둘 중에서 어느 쪽 기록이 더 좋을까요?

1. 집에서 학교까지 혼자서 뛴다.
2. 친구와 집에서 학교까지 누가 빨리 가는지 내기를 하며 뛴다.

내기는 사람이 어떤 일을 아주 열심히 하도록 하는 데 큰 자극이 되기도 해요. 그렇다고 모든 일을 할 때 내기를 걸고 한다면 어떻게 될까요? 아무리 뛰어난 선수라고 해도 쉬지 않고 경기를 했다간 피곤에 지쳐 쓰러지고 말 거예요. 내기가 자극이 되기는 하지만 자주 하면 좋은 자극이 되기 어렵겠지요.

중요한 건, 내기가 아니라 자신에게 자극을 준다는 거예요. 나보다 달리기를 못했던 친구가 나보다 더 빨리 달리는 모습을 보게 되면 굉장한 자극이 돼요.
'어? 쟤가 저렇게 잘 뛰어? 그럼 나도 마음먹고 하면 훨씬 더 빨리 뛸 수 있겠는걸.'
자극을 받은 만큼 열심히 뛰었다면 좋은 결과를 얻었을 거예요.

살다 보면 뜻밖의 칭찬을 받을 때가 있어요. 나는 그 일을 칭찬받기 위해 한 것이 아닌데, 누군가 좋게 말해 주면 참 기분이 좋아요. 그것도 내가 무슨 일이든 열심히 하게 하는 좋은 자극이에요.
어쩐지 모든 일에 시들하고
시큰둥할 때는 자극이 필요해요.
때론 친구들과 내기도 하고
주변 친구들을 보면서
좋은 자극을 받도록 하세요.

10 결심한 것은 바로 실천한다

너… 너 지금
뭐 하는 거야?

뭐든지
다 한다고
말할 줄 알았지?

뭐 하긴.
난 민수 널
도와주려는 거야.

뭐라고?
그런데 왜 방을
다시 어지르는 거야?

'달걀을 팔아 닭을 사서 키우고, 그 닭을 팔아 염소를 사서 키우고, 염소가 크면 그 젖을 팔아서 무도회에 입고 갈 예쁜 드레스를 사 입을 텐데……. 그러면 멋진 왕자님이 나에게 춤을 신청하겠지? 그런데 내가 싫어하는 남자가 춤을 추자고 하면 어떡하지?'

달걀부터 팔아야죠. 지금 함께 춤출 사람부터 걱정할 때인가요?
'어떤 일을 하겠다'라고 결정을 내려 놓고 다시 걱정에 파묻히는 사람이 있어요.
'그 일이 잘 될까?', '만일 이런 문제가 생기면 어떻게 하지?' 하며 고민에서 허우적거리는 거죠. 아직 시작도 안 한 일을 놓고 또 다른 고민만 산더미처럼 쌓아 놓다니! 그래 봤자 해결되는 건 아무것도 없어요. 혼란스럽기만 해요.

괜히 이리 미루고 저리 미루지 마세요.

절대로 그러지 마세요. 그러는 동안 저절로 일이 해결되지는 않으니까요. 달걀 팔러 가는 일을 미루어 봤자 달걀이 상해 버리기밖에 더 하겠어요? 미루다가 모든 일을 물거품으로 만들 수는 없지요.

무슨 일이든 결정했으면 더 이상 뒤돌아보지 말고 바로 행동에 옮기세요.
통닭을 생각한다고 따끈따끈한 통닭이 짠~ 나타나는 일은 절대로 없어요.
통닭을 먹고 싶으면 어떤 통닭을 먹을지 결정하고 주문을 해야 먹을 수 있어요.

많은 사람이 결심은 잘 한답니다. 그러나 결심을 한 모든 사람이 그 결심을 바로 실천에 옮기지는 않아요. 바로 실천하는 몇 사람, 그 사람들이 성공하는 사람들이랍니다.

 ## 성공을 위한 가장 중요한 밑거름

자극을 받으면 꼭 잘 해내겠다고 마음먹게 돼요. 반드시 이루겠다, 꼭 이기겠다는 마음은 퍽 단단하지요. 마음이 단단하다는 건 마음이 평화로운 상태에 있다는 것을 뜻해요. 무슨 일을 하겠다고 마음먹고 바로 행동으로 옮기면 쓸데없는 고민을 할 틈이 없어요. 그러니 마음이 평화롭지요.

쉬면서 일하면 느긋해져서, 마음이 불편해질 틈이 없어요. 아무리 나쁜 상황이라도 내가 좋은 생각만 하면 마음이 복잡해지지 않지요. 마음의 평화는 일을 성공시키기 위해서 꼭 필요한 요소랍니다. 우리가 미처 깨닫지 못했을 뿐이에요. 지금부터 마음의 평화를 기르는 2가지 방법을 알려 줄게요.

1. 용기·건강·희망에 대한 생각으로 마음을 가득 채워라.

미움, 짜증, 괴로움 등 나쁜 것들이 마음에 가득하면 얼굴에 표시가 나지요. 하루 종일 찡그리고 다니는데 누가 좋아하겠어요. 아무도 가까이 가지 않고, 인기도 없어요. 그러니 마음이 더 괴로워지겠죠.
이렇게 생각해 보세요. '난 잘 될 거야. 난 마음 먹으면 웬만큼은 잘 할 수 있어. 난 아프지도 않고 건강한 편이야. 내 마음은 대체로 편안해.'
지금 여러분 얼굴이 참 밝아졌지요?
마음이 편안해졌으니까요.
항상 얼굴이 싱글벙글한 사람이 옆에 있으면 기분이 좋아요. 그래서 그 사람이 부탁을 하면 선뜻 도와주고 싶지요. 표정이 밝으면 사람들이 좋은 감정을 갖게 돼요. 사람들과 잘 지내면 마음이 편해져요. 그리고 마음이 편하면 성공이 가까이 다가온답니다.

2. 고민거리를 세는 대신에, 축복받은 것을 세어라.

장사에 실패한 사람이 있었어요. 아무것도 남은 게 없었대요. 새 일자리를 구하러 나갔어요. 길을 걷다가 상점에 비친 자기 모습을 보았어요. 너덜거리는 신발은 자신을 더 초라하게 만들었지요. '이런 나를 누가 써 줄까? 신발이라도 좀 괜찮다면 좋을 텐데……' 하며 한숨을 푹 내쉬었지요.

그때 누군가 맞은편에서 다가왔어요. 그 사람은 다리가 없어서 바퀴가 달린 작은 나무 판자에 앉아서 판자를 밀면서 다녔어요. 눈이 마주치자 다리 없는 사람이 쾌활한 목소리로 "안녕하세요? 참 날씨가 좋군요." 하며 먼저 인사했어요.

너덜거리는 신발을 신은 사람은 그 순간, '난 신발이 없는 걸 괴로워했는데, 발이 없어도 행복해하는 사람을 만났구나.' 하며 자기를 되돌아보았어요.

가지고 있는 게 아무것도 없다고 생각했는데, 사실은 자기가 참 많은 것을 가졌다는 걸 깨달았지요. 씩씩하게 걸을 수 있는 두 발, 무엇이든 잘 잡을 수 있는 두 팔…….

이것도 없고 저것도 없고, 고민거리만 세던 사람이 바뀌었어요. 이것도 있고 저것도 있고, 축복받은 것을 세게 되었지요. 이날부터 이 사람이 느낀 마음의 행복은 아무도 뺏을 수 없었답니다.

● 에필로그 – 성공을 꿈꾸는 아이, 노민수

쿠우웅

뜨어어

세나 왔니?

노… 노민수 네가 여기 왜 있는 거야?

왜 있긴. 학교에 공부 하러 왔지.

그러니까 어떻게 네가 이 시간에 학교에 있는 거냐고. 넌 지금쯤 자고 있어야 하잖아.

왜 이래? 나도 이제부터 지각 안 할 거라고.

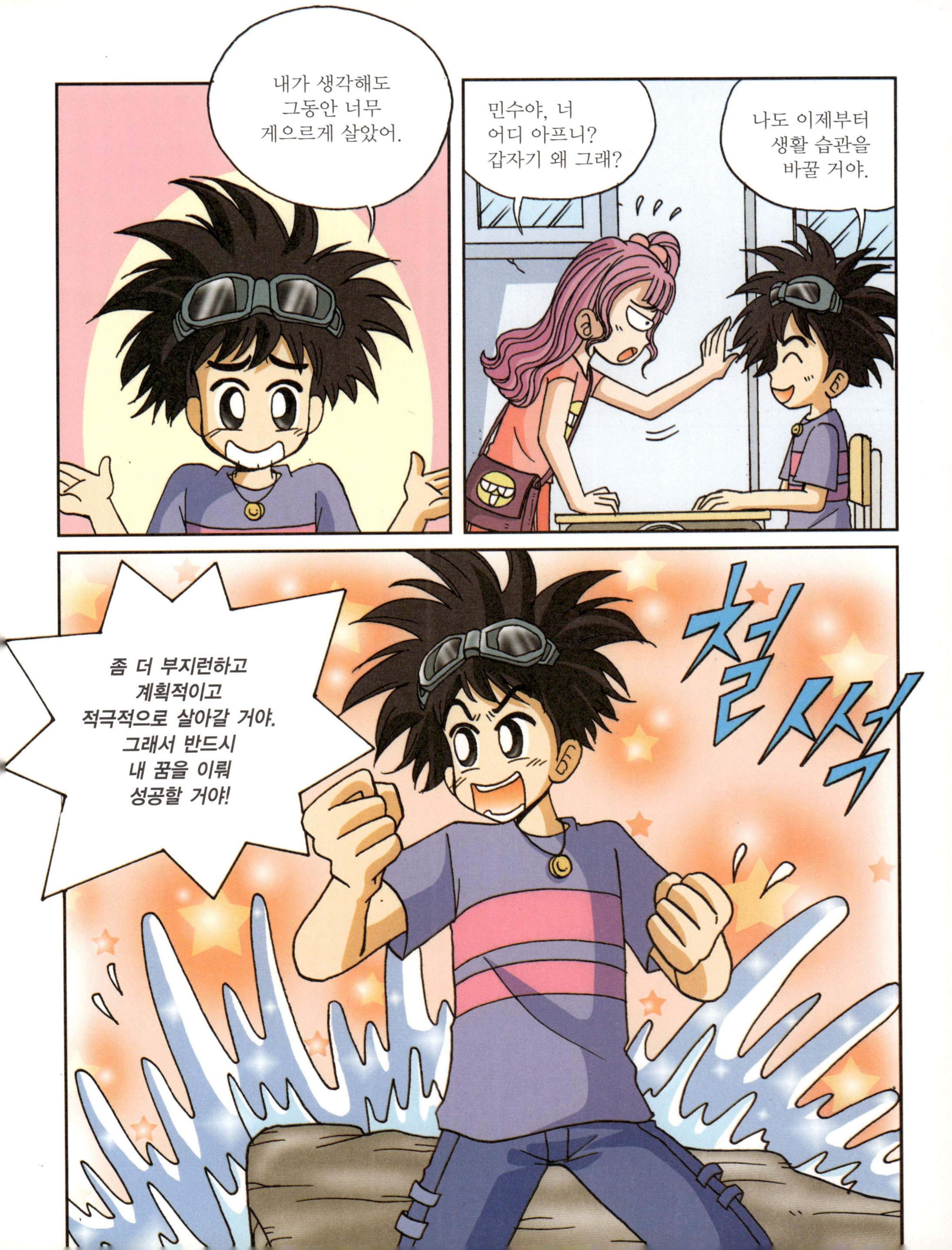

멋져요. 카네기 아저씨, 최고예요.

흠 흠

이 정도는 기본이지.

음, 1교시 수업이 국어니까, 책이랑 공책을 준비해 놓고.

주섬 주섬

수업 시간까지 10분이나 남았네?

그럼 남는 시간 동안,

상상을 현실로 만드는 3D 프린팅!

《퀴즈! 과학상식 - 3D 프린팅 과학》
에서 3D 프린팅에 관한 궁금증을
쉽고 재밌게 해결해 보세요.
도기성 지음, 이낙규 감수

재밌는 만화로 배우는
퀴즈! 과학상식 현 81권

 **텐텐북스 시리즈** 현 **86**권

'텐텐북스'에는 친구들과 솔직하게 나누고 싶은 특별한 이야기들이 가득 담겨 있어요.
'텐텐북스'와 함께 행복하고 멋진 소녀가 되어 보세요.   ①~㊺

1 친구들에게 인기 있는 아이 인기 없는 아이
2 친구를 이끄는 적극적인 아이 친구를 따라가는 소극적인 아이
3 꿈이 있는 아이들이 초등학생 때 꼭 해야 할 20가지
4 똑같이 놀아도 공부 잘하는 아이 공부 못하는 아이
5 아무리 먹어도 날씬한 아이 물만 먹어도 뚱뚱한 아이
6 친구들에게 사랑받는 아이 사랑주는 아이
7 상큼발랄 혜지의 비밀 일기

8 마술처럼 예뻐지는 10Kg 날씬 다이어트
9 위풍당당 용기 있는 아이 자신만만 성공하는 아이
10 연예인도 부럽지 않은 멋내기 코디
11 나를 똑똑하게 만드는 좋은 습관 나를 바보로 만드는 나쁜 습관
12 깜찍발랄 은비의 오디션
13 칭찬으로 크는 아이 꾸중으로 작아지는 아이

14 재능 발견! 스타 예감! 연예인을 꿈꾸는 끼 있는 아이
15 친해지고 싶은 좋은 친구 친해지기 싫은 미운 친구
16 일등하는 아이들의 좋은 공부 습관 꼴찌하는 아이들의 나쁜 공부 습관
17 똑똑하게 말 잘하는 아이 우물쭈물 말 못하는 아이
18 1% 특별한 재능 있는 아이 재능 없는 아이
19 자신감 있는 긍정적인 아이 자신감 없는 부정적인 아이
20 궁금한 성 아름다운 성

21 어떤 옷을 입어도 스타일 멋진 아이 예쁜 아이 - 패션 코디 -
22 스스로 노력하는 부지런한 아이 빈둥빈둥 놀기만 하는 게으른 아이
23 언제나 당당한 나! 자신감 있는 아이 자신감 없는 아이
24 인기 짱! 센스 있는 아이 인기 꽝! 센스 없는 아이
25 친구를 생각하는 배려 있는 아이 나만 생각하는 배려 없는 아이
26 스스로 공부해 일등하는 아이 억지로 공부해 꼴찌하는 아이

27 부자가 되는 좋은 경제 습관 거지가 되는 나쁜 경제 습관
28 천재를 이기는 끈기 있는 아이 바보에게 지는 끈기 없는 아이
29 자신 있게 도전하는 아이 너무 쉽게 포기하는 아이
30 다정다감 친구가 많은 아이 제멋대로 친구가 없는 아이
31 똑같이 노력해 항상 이기는 아이 매번 지는 아이
32 차근차근 실천하는 아이 얼렁뚱땅 미루는 아이
33 똑똑한 소녀를 위한 직업 45가지 자신만만 꿈이 있는 아이 꿈이 없는 아이
34 차분차분 집중하는 아이 들락날락 산만한 아이
35 우등생의 공부 비결! 수학 잘하는 아이 수학 못하는 아이
36 우등생 공부법 공부가 좋은 아이 공부가 싫은 아이
37 귀 기울여 잘 듣는 아이 대충 듣고 내 말만 하는 아이
38 아껴 쓰는 경제 소녀 펑펑 쓰는 낭비 소녀
39 좋아! 좋아! 겸손한 아이 싫어! 싫어! 잘난 척하는 아이
40 항상 밝게 웃는 아이 투덜투덜 화내는 아이

41 친구들을 이끄는 리더 친구들이 따르는 리더
42 단짝 친구 만들기! 베프가 있는 아이 베프가 없는 아이
43 우등생의 공부 비결! 국어 잘하는 아이 국어 못하는 아이
44 알아서 척척! 스스로 하는 아이 시키면 툴툴~ 억지로 하는 아이
45 우등생의 공부 비결! 영어 잘하는 아이 영어 못하는 아이